Fantaisies imaginaires

Agnès Olga Rigny

Édition : BoD · Books on Demand,
31 avenue Saint-Rémy, 57600 Forbach,
bod@bod.fr
Impression : Libri Plureos GmbH,
Friedensallee 273, 22763 Hamburg
(Allemagne)
ISBN : 978-2-3225-5337-2
Dépôt légal : Avril 2025

Parfois il m'arrive de rêver que je
suis une équation mathématique

AOR

Fantaisies courtes

Le cœur ouvert
J'intègre avec bonheur
Les espaces supérieurs

La suite de mes jours
Se déroule en une courbe
infinie...
Ou presque

Une opération subtile
M'a renvoyée sans un signe
A l'état de spectre aquatique

Nos corps enlacés sans ordre
Perdent la raison
Aux frontières de l'extase

Cette paire de voiles blanches
Dérive au loin
Projection de mon impuissance

Le croissant de lune
Borne posée dans le ciel
Ultime composition

En arrivant au sommet
J'entrevois la possibilité
D'inverser les limites

Je dévale la pente
Je tends vers un horizon
Sans système

La figure de l'Infini...

Une proposition surprenante

Et excitante

Dans ce monde en

décomposition

L'égalité ?

L'inconnue de l'équation

Un chant complexe

S'élève au loin

Mes mains sont liées

Je reste neutre

Construire un générateur

De figures inconnues

Tendre vers le merveilleux

Rester à l'intérieur

Fermer les frontières

La décomposition assurée

Chacun de son côté de la boule

Diamétralement opposés

ruminant sur le caractère relatif

de l'autre

Une fraction de mon être

Dépend du regard des autres

Mon existence est

Liée à leur approbation

Trouver son âme complémentaire

Est un idéal complexe

À atteindre

Peut-on simplement définir

Ce que l'on cherche exactement ?

Fantaisies longues

A force de m'accrocher à mon
identité
Moi moi moi mon vrai moi
Qui suis-je d'où viens-je où vais-
je
Dans quel état j'erre
Devenir moi mon vrai moi mon
meilleur moi
Moi je pense moi j'ai des
opinions j'ai du vécu
Moi moi moi...
J'en oublie que l'autre est mon
semblable
Je crois me développer, je ne fais
que décroître.

Réciprocité

Je me tiens droite

La tête haute

Les mains propres

Devant la glace

De la salle de bain

Je vois mon image

Ou mon image me voit

Vision réciproque

Devant ou dedans ?

De quel côté du miroir ?

Il est naturel

De penser se développer

En intégrant des normes

Non choisies

Mais…

C'est plus complexe que ça…

J'aperçois derrière la fenêtre

une grande étendue désertique

parsemée de cailloux plus ou

moins gros

Dans ce vaste espace

Un spectre blanc

Tout en voiles

Glisse sur le sol et passe à

travers

Les rares obstacles pierreux

Je postule qu'il vient vers moi

J'imagine un anéantissement

radical et immédiat

Faisant fi

Des projections

De ma famille

Sur le sens de ma vie

Je pars sur les chemins

Au gré du soleil et des

intempéries

Avec pour seul bagage

Mon espérance

C'est un personnage discret

Un homme normal

Que je ne remarque pas

Caché derrière le croissant de

lumière

Du réverbère

Dans la rue

Une nuit d'hiver silencieuse

Ma douce ma tendre amie

Cet arrangement aura-t-il

Ton assentiment ?

Nos deux cœurs

complémentaires

Pourront-ils suivre

Des chemins différents ?

Ma quête d'absolu

M'a fait prendre des chemins

complexes

Des voies imaginaires

Pendant un couple d'heures

J'ai cru avoir réussi

Je rêve d'un monde

Sans relation d'ordre

Inférieur-supérieur

Ces mots n'auraient plus de sens

Resterait

La convergence des âmes

Vers la puissance du cœur

Une histoire de points

Point d'exclamation – factoriel

Point d'orgue

Point-virgule

Point à la ligne

Point de suspension

Point final

Faire le point

Être au point

Point de mire

Signe des temps

Pour résister

Avoir le cœur et l'esprit ouverts

Un point c'est tout.

Le théorème des quatre couleurs

Quatre couleurs

Quatre saisons

Quatre émotions

Quatre points cardinaux

Quatre éléments

Aux quatre vents

Se mettre en quatre

Couper les cheveux en quatre

Y aller par quatre chemins…ou

pas

Lui dire ses quatre vérités

Entre quatre yeux

Entre quatre murs

Se saigner au quatre veines

Au hasard

Un univers
Aux milliards d'issues
Possibles ou favorables,
Mais toujours discrètes.

Répartition aléatoire
d'évènements,
Quelques-uns quasi certains,
Suivant des lois
À densité variable.

Espérance parfois infinie,
D'avoir la chance de vivre des
moments d'ordre un ou deux,
Voire plus en cas de convergence
Certitude de finir entre zéro et
un.

Récurrence

Je me suis endormie dans la
voiture.

Nous roulions vers les vacances

Sur une route de campagne

Encadrée de platanes

Inondée de soleil.

Je rêvais.

Dans mon rêve, je dormais.

Je dormais dans une voiture

Sans conducteur.

Dans mon rêve, je rêvais.

Je rêvais que je dormais

Dans une voiture

Sans conducteur.

Elle roulait seule

Au milieu de milliers d'autres

Sur une route de campagne
Droite
Entourée de platanes
Inondée de soleil.

Dans chacune de ces voitures,
Je dormais.
Je rêvais.
Je rêvais que je dormais
Dans une voiture sans
conducteur
Sur une route de campagne
Encadrée de soleil
Inondée de platanes
Au milieu de milliers d'autres.

Rêve courbe

Longtemps, j'ai rêvé de
mathématiques.
Mais, depuis quelques années
déjà, mes rêves étaient moins
topologiques.
Mes nuits étaient plus
dangereuses, bien que toujours
énigmatiques.
Les aventures, les poursuites, les
trajets interminables, les
éboulements,
Les voitures qui se transforment
en vélo d'enfants, les culs-de-sac
interminables
Étaient mon lot nocturne et
quotidien.

Cette nuit bizarrement les
mathématiques sont revenues au
premier plan.
Je devais aider un jeune garçon
à entrer clandestinement
Dans un pays des Balkans.

Pour cela, il lui fallait une
matrice inversible, pour
transformer x en y, deux
vecteurs quelconques
Mais non nuls.

Il possédait un schéma complexe
gribouillé sur un papier
chiffonné
Et nous avions très peu de
temps.
Sur un coin de table, dans un
café malpropre,

Je bricolais une solution
expéditive mais élégante.
Mes affaires étaient éparpillées
sur la table, au milieu des tasses
et des assiettes sales,
Feutres, stylos, gomme, cahiers,
livres et objets disparates.
Autour de nous, des gens en
uniforme, indifférents en
apparence,
Potentiellement menaçants.
Je lui donnais une matrice 3 x 3,
composées de deux matrices de
passage.
Nous sommes sortis
précipitamment, laissant mes
affaires en plan,
Hormis celles que j'avais pu
emporter.

J'avais les bras chargés d'objets,

qui tombaient pendant notre

course.

Je restais en bas de l'escalier, le

regardant s'enfuir

Priant pour son devenir.

Note

Les poèmes ont été composés avec la contrainte d'utiliser au moins trois mots du langage mathématique.

En effet ce sont souvent des mots empruntés au langage français, et leur utilisation peut prêter à confusion parfois, pour ma part quand j'étais jeune étudiante cela m'a fait rêver. Une partie qui peut être à la fois ouverte ou fermée, une boule dont tous les points sont au centre...

Longtemps j'ai rêvé de mathématiques est la retranscription plus ou moins

fidèle d'un rêve que j'avais fait.
C'est également le cas pour
récurrence, dont j'ai aimé la
structure en abime, très
mathématique. Car il m'arrive
souvent de rêver, que je suis une
équation mathématique...

Je vous invite vous aussi à écrire
des « textes mathématiques ».
Voici un corpus de mots dans
lequel vous pourrez puiser votre
inspiration.

Absolu Analyse Application
Adhérence Intérieur Frontière
Ouvert Fermé Arrangement Base
Boule Combinaison
Supplémentaire Complémentaire

Inverse Opposé Complexe

Décomposition Composition

Spectre Propre Ensemble Discret

Direction Sens Egalité Croissant

Décroissant Monotone Borné

Dimension Espace Espérance

Evènement Facteur Figure

Fonction Formule Groupe

Anneau Corps Rationnel

Irrationnel Fraction hasard

Hypothèse Identité Inconnue

Indépendance Famille Inférieur

Infini Fini Irréductible Limite

Liberté Générateur naturel

Négatif Neutre Normal Opération

Ordre Orientation Paire Couple

Paramètre Partie Partition

Système Pente Période Point Pôle

Positif Primitive Produit

Projection Proportionnel

Proposition Liées Puissance

Racine Raison Rang Réciproque

Réel relatif Semblable Série

Signe Simple Sommet Sphère

Plan Droite Courbe Suite

Réunion Valeur Variable Vide

Admettre Réduire Postuler

Intégrer Impliquer Dépendre

Converger Définir Développer

Dériver Inverser Diviser

Résoudre Construire Déduire

Tendre